Armando Barraza

Analogías pedagógicas

Armando Barraza

Analogías pedagógicas

Analogías, didácticas y pedagógicas

JustFiction Edition

Imprint
Any brand names and product names mentioned in this book are subject to trademark, brand or patent protection and are trademarks or registered trademarks of their respective holders. The use of brand names, product names, common names, trade names, product descriptions etc. even without a particular marking in this work is in no way to be construed to mean that such names may be regarded as unrestricted in respect of trademark and brand protection legislation and could thus be used by anyone.

Cover image: www.ingimage.com

Publisher:
JustFiction! Edition
is a trademark of
Dodo Books Indian Ocean Ltd. and OmniScriptum S.R.L publishing group

120 High Road, East Finchley, London, N2 9ED, United Kingdom
Str. Armeneasca 28/1, office 1, Chisinau MD-2012, Republic of Moldova, Europe
Printed at: see last page
ISBN: 978-620-6-74276-0

Analogías Pedagógicas: Filosóficas. Psico- didácticas en el estudiantado y docente en las Instituciones educativas de diferentes niveles. (preescolar, escolar, secundaria, preparatoria, universitarios, maestrías y doctorados y postdoctorados.

(Efesios. 1: 4, 5; Jeremías, 1:5, Jeremías. 31:3 y Isaías. 51:16).

Autor. Armando Barraza Cuellar.

Capitulo uno. Analogías Pedagógicas: Filosóficas. Pisco didácticas en el estudiantado y docente en las Instituciones educativas de diferentes niveles. (preescolar, escolar, secundaria, preparatoria, universitarios, maestrías y doctorados y postdoctorados.

(Efesios. 1: 4, 5; Jeremías, 1:5, Jeremías. 31:3 y Isaías. 51:16).

Resumen.

Analogías Pedagógicas: Filosóficas. Pisco didácticas en el estudiantado y docente en las Instituciones educativas de diferentes niveles. (preescolar, escolar, secundaria, preparatoria, universitarios, maestrías y doctorados y postdoctorados.

(Efesios. 1: 4, 5; Jeremías, 1:5, Jeremías. 31:3 y Isaías. 51:15).

Palabras clave.

Analogías, pedagógicas, filosóficas, didácticas, estudiantado, docente, instituciones educativas, diferentes niveles iniciando en pre- escolar hasta post doctorado.

Introducción. Analogías Pedagógicas: Filosóficas. Pisco didácticas en el estudiantado y docente en las Instituciones educativas de diferentes niveles. (preescolar, escolar, secundaria, preparatoria, universitarios, maestrías y doctorados y postdoctorados.

(Efesios. 1: 4, 5; Jeremías, 1:5, Jeremías. 31:3 y Isaías. 51:15).

Analogías, pedagógicas, filosóficas, didácticas, estudiantado, docente, instituciones educativas, diferentes niveles iniciando en pre- escolar hasta post doctorado. **Efesios. Capítulo 1 y versículos 4, 5 dice así:**

Según nos escogió en el antes de la fundación del mundo, para que fuésemos santos y sin mancha delante de él, en amor habiéndonos predestinado para ser adoptados hijos suyos por medio de Jesucristo, según el puro afecto de su voluntad. Si nos ponemos a reflexionar, a meditar, a comprender, y analizar palabra tras palabra, en esta lectura, vamos a encontrar algo maravilloso, donde tanto los judíos como nosotros los gentiles, tenemos esa bendición, de ser hijos suyos de Dios por medio de su hijo amado Jesucristo, pues bien, aquí podemos vincular, o elaborar algunas analogías filosóficas. Pedagógicas, e didácticas, en los estudiantes y docentes de los cuatro vientos, para entender, comprender que Las Sagradas Escrituras se vincula con nuestro diario vivir, todo es cuestión de leer, leer y leer, con mucho cuidado y analizar cada palabra para poder vincularla en nuestro entorno hoy día, y si encaja, cuando hacemos esto, entonces ya hemos aprendido a leer, como debe de ser. Felicidades a todos y cada uno de ustedes mis queridos estudiantes y docentes.

Metodología sistemática. Analogías Pedagógicas: Filosóficas. Pisco didácticas en el estudiantado y docente en las Instituciones educativas de diferentes niveles. (preescolar, escolar, secundaria, preparatoria, universitarios, maestrías y doctorados y postdoctorados.

(Efesios. 1: 4, 5; Jeremías, 1:5, Jeremías. 31:3 y Isaías. 51:15).

Analogías, pedagógicas, filosóficas, didácticas, estudiantado, docente, instituciones educativas, diferentes niveles iniciando en pre- escolar hasta post doctorado**. Efesios. Capítulo 1 y versículos 4, 5 dice así:**

Según nos escogió en el antes de la fundación del mundo, para que fuésemos santos y sin mancha delante de él, en amor habiéndonos predestinado para ser adoptados hijos suyos por medio de Jesucristo, según el puro afecto de su voluntad. Si nos ponemos a reflexionar, a meditar, a comprender, y analizar palabra tras palabra, en esta lectura, vamos a encontrar algo maravilloso, donde tanto los judíos como nosotros los gentiles, tenemos esa bendición, de ser hijos suyos de Dios por medio de su hijo amado Jesucristo, pues bien, aquí podemos vincular, o elaborar algunas analogías filosóficas. Pedagógicas, e didácticas, en los estudiantes y docentes de los cuatro vientos, para entender, comprender que Las Sagradas Escrituras se vincula con nuestro diario vivir, todo es cuestión de leer, leer y leer, con mucho cuidado y analizar cada palabra para poder vincularla en nuestro entorno hoy día, y si encaja, cuando hacemos esto, entonces ya hemos aprendido a leer, como debe de ser. Felicidades a todos y cada uno de ustedes mis queridos estudiantes y docentes.

Discusión. 1.5 nos escogió. La doctrina de la elección es recalcada a través de todas las Escrituras (cp. Dt. 7:6; Isaías. 45:4; Juan. 6:44; Hechos. 13: 48; Romanos. 8.29; 9:11; 1 Ts. 1: 3,4; 2 Ts. 2:13; 2 Timoteo. 2.10; vea la nota sobre 1 Pedro. 1:2). La forma del verbo griego tras la palabra "escogió" indica que Dios no solo escogió por si mismo sino para El mismo y para alabanza de su propia gloria (versículos 6.12,14.) La elección o predestinación DE Dios no anula ni opera apare de la responsabilidad del hombre para creer en Jesús como Señor y Salvador (cp. Mateo. 3:1,2; 4:17; Juan. 5.40). **antes de la fundación del mundo.** A través de la voluntad soberana de Dios antes de la creación del mundo y, por lo tanto, independiente de toda influencia humana y aparte de todo merito humano, aquellos que son salvos han alcanzado la unidad eterna con Cristo. Cp. 1 Pedro. 1.20; Apocalipsis. 13: 8; 17.8. **santos y sin mancha delante de él.** esto describe tanto un propósito como un resultado en la elección divina de los que habrán de ser salvos. Las personas injustas son declaradas justas los pecadores indignos son declarado dignos de la salvación, todo porque son escogidos "en El" (Cristo). esto se refiere a la justicia imputada de Cristo que es concedida a los creyentes (vea las notas sobre 2 Corintios. 5:21;

Filipenses. 3:9), una justicia perfecta que pone a los creyentes en una posición santa y inevitable de que no vivían todo el tiempo conforme a su parámetro de santidad perfecta.

Imagen.

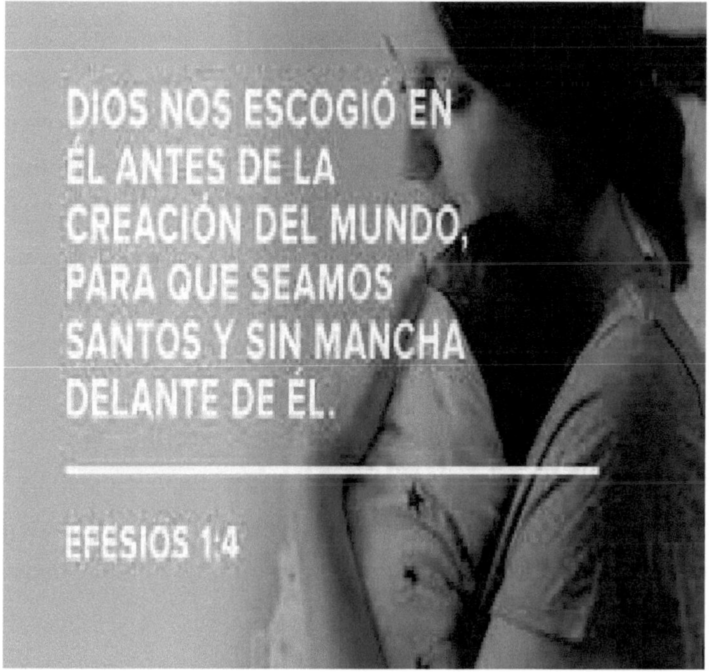

Cuadro mental.

Analogías Pedagógicas: Filosóficas. Pisco didácticas en el estudiantado y docente en las Instituciones educativas de diferentes niveles. (preescolar, escolar, secundaria, preparatoria, universitarios, maestrías y doctorados y postdoctorados.
(Efesios. 1: 4, 5; Jeremías, 1:5, Jeremías. 31:3 y Isaías. 51:15).
Analogías, pedagógicas, filosóficas, didácticas, estudiantado, docente, instituciones educativas, diferentes niveles iniciando en pre-escolar hasta post doctorado. **Efesios. Capítulo 1 y versículos 4, 5 dice así:**
Según nos escogió en el antes de la fundación del mundo, para que fuésemos santos y sin mancha delante de él, en amor habiéndonos predestinado para ser adoptados hijos suyos por medio de Jesucristo
Tenemos todas las herramientas didácticas, filosóficas, pedagógicas, analógicas para poder iniciar hoy, este proceso educativo con los verbos, palabras, oraciones, solo nos falta vincular lo leído y que lleve un seguimiento didáctico, pedagógico, y analógico, filosófico, para poder ser útiles ante la sociedad en su momento tiempo, espacio y lugar.

Cuadro mental.

Según nos escogió en el antes de la fundación del mundo, para que fuésemos santos y sin mancha delante de él, en amor habiéndonos predestinado para ser adoptados hijos suyos por medio de Jesucristo, según el puro afecto de su voluntad. Si nos ponemos a reflexionar, a meditar, a comprender, y analizar palabra tras palabra, en esta lectura, vamos a encontrar algo maravilloso, donde tanto los judíos como nosotros los gentiles, tenemos esa bendición, de ser hijos suyos de Dios por medio de su hijo amado Jesucristo, pues bien, aquí podemos vincular, o elaborar algunas analogías filosóficas. Pedagógicas, e didácticas, en los estudiantes y docentes de los cuatro vientos, para entender, comprender que Las Sagradas Escrituras se vincula con nuestro diario vivir, todo es cuestión de leer, leer y leer, con mucho cuidado y analizar cada palabra para poder vincularla en nuestro entorno hoy día, y si encaja, cuando hacemos esto, entonces ya hemos aprendido a leer, como debe de ser. Felicidades a todos y cada uno de ustedes mis queridos estudiantes y docentes.

Imagen.

Ama a Dios y
¡ámalo con todas tus fuerzas!
porque Él pensó que valías mucho,
tanto que entregó
Su vida por ti.
PENSAMIENTOS
CRISTIANOS

Resumiendo. Analogías Pedagógicas: Filosóficas. Pisco didácticas en el estudiantado y docente en las Instituciones educativas de diferentes niveles. (preescolar, escolar, secundaria, preparatoria, universitarios, maestrías y doctorados y postdoctorados.

(Efesios. 1: 4, 5; Jeremías, 1:5, Jeremías. 31:3 y Isaías. 51:15).

Analogías, pedagógicas, filosóficas, didácticas, estudiantado, docente, instituciones educativas, diferentes niveles iniciando en pre- escolar hasta post doctorado. **Efesios. Capítulo 1 y versículos 4, 5 dice así:**

Según nos escogló en el antes de la fundación del mundo, para que fuésemos santos y sin mancha delante de él, en amor habiéndonos predestinado para ser adoptados hijos suyos por medio de Jesucristo, según el puro afecto de su voluntad. Si nos ponemos a reflexionar, a meditar, a comprender, y analizar palabra tras palabra, en esta lectura, vamos a encontrar algo maravilloso, donde tanto los judíos como nosotros los gentiles, tenemos esa bendición, de ser hijos suyos de Dios por medio de su hijo amado Jesucristo, pues bien, aquí podemos vincular, o elaborar algunas analogías filosóficas. Pedagógicas, e didácticas, en los estudiantes y docentes de los cuatro vientos, para entender, comprender que Las Sagradas Escrituras se vincula con nuestro diario vivir, todo es cuestión de leer, leer y leer, con mucho cuidado y analizar cada palabra para poder vincularla en nuestro entorno hoy día, y si encaja, cuando hacemos esto, entonces ya hemos aprendido a leer, como debe de ser. Felicidades a todos y cada uno de ustedes mis queridos estudiantes y docentes.

Recapitulación. La doctrina de la elección es recalcada a través de todas las Escrituras (cp. Dt. 7:6; Isaías. 45:4; Juan. 6:44; Hechos. 13: 48; Romanos. 8.29; 9:11; 1 Ts. 1: 3,4; 2 Ts. 2:13; 2 Timoteo. 2.10; vea la nota sobre 1 Pedro. 1:2). La forma del verbo griego tras la palabra "escogió" indica que Dios no solo escogió por si mismo sino para El mismo y para alabanza de su propia gloria (versículos 6.12,14.) La elección o predestinación DE Dios no anula ni opera apare de la responsabilidad del hombre para creer en Jesús como Señor y Salvador (cp. Mateo. 3:1,2; 4:17; Juan. 5.40). **antes de la fundación del mundo.** A través de la voluntad soberana de Dios antes de la creación del mundo y, por lo tanto, independiente de toda influencia humana y aparte de todo merito humano, aquellos que son salvos han alcanzado la unidad eterna con Cristo. Cp. 1 Pedro. 1.20; Apocalipsis. 13: 8; 17.8. **santos y sin mancha delante de él.** esto describe tanto un propósito como un resultado en la elección divina de los que habrán de ser salvos. Las personas injustas son declaradas justas los pecadores indignos son declarado dignos de la salvación, todo porque son escogidos "en El" (Cristo). esto se refiere a la justicia imputada de Cristo que es concedida a los creyentes (vea las notas sobre 2 Corintios. 5:21;

Capitulo dos. Analogías Pedagógicas: Filosóficas. Pisco didácticas en el estudiantado y docente en las Instituciones educativas de diferentes niveles. (preescolar, escolar, secundaria, preparatoria, universitarios, maestrías y doctorados y postdoctorados.

(Jeremías, 1:5,).

Resumen.

Analogías Pedagógicas: Filosóficas. Pisco didácticas en el estudiantado y docente en las Instituciones educativas de diferentes niveles. (preescolar, escolar, secundaria, preparatoria, universitarios, maestrías y doctorados y postdoctorados.

(Jeremías, 1:5,).

Palabras clave.

Amor, estudiante, docente, pedagogía, filosofía, didáctica, instituciones educativas, cerebro humano: sabiduría, inteligencia, consejería, poder, conocimiento, temor al Dios- Eterno.

Introducción. Analogías Pedagógicas: Filosóficas. Pisco didácticas en el estudiantado y docente en las Instituciones educativas de diferentes niveles. (preescolar, escolar, secundaria, preparatoria, universitarios,

Amor, estudiante, docente, pedagogía, filosofía, didáctica, instituciones educativas, cerebro humano: sabiduría, inteligencia, consejería, poder, conocimiento, temor al Dios- Eterno.

Jeremías. Capítulo 1 versículo 5 dice así: Antes que te formase en el vientre te conocí, y antes que nacieses de la matriz te santifique, te di por profeta a las naciones. **1:5 Antes que te formase:** Esto no había de reencarnación, sino que es el conocimiento pleno de jeremías por parte de Dios, así como el plan soberano que tuvo diseñado para él desde antes d que fuera concebido (cp. Gálatas. 1.15, Pablo también se dio cuenta de algo similar). Lo que nos ensena, esta cita Bíblica de Jeremías. 1:5 es que el Creador el Omnisciente el que todo lo sabe, que cada uno de los seres humanos que vivimos en este Planeta llamado Tierra, el Creador ya nos concia desde antes de la fundación del mundo y antes de que nos formamos en el vientre de nuestra madre, porque el, permite que el espermatozoide del padre ya sea "Y" o sea "X" del varón, se una con el ovulo de la madre ya que ella es nada mas "XX" entonces si es varón será "XY" pero si es mujercita será: "XX". Porque el Eterno lo permitió. Que se unirá los gametos: masculino y mujer. Muy bien, ahora vamos rumbo las: Analogías metafóricas aunado con la pedagogía, la didáctica, la filosofía, la psico didáctica, vinculando con el pensamiento simple y complejo para que el estudiantado y el docente vallan integrando, los conceptos, los atributos, y así podremos iniciar este hermoso libro didáctico y más.

Metodología sistemática. Analogías Pedagógicas: Filosóficas. Pisco didácticas en el estudiantado y docente en las Instituciones educativas de diferentes niveles. (preescolar, escolar, secundaria, preparatoria, universitarios,

Amor, estudiante, docente, pedagogía, filosofía, didáctica, instituciones educativas, cerebro humano: sabiduría, inteligencia, consejería, poder, conocimiento, temor al Dios- Eterno.

Jeremías. Capítulo 1 versículo 5 dice así: Antes que te formase en el vientre te conocí, y antes que nacieses de la matriz te santifique, te di por profeta a las naciones. **1:5 Antes que te formase:** Esto no había de reencarnación, sino que es el conocimiento pleno de jeremías por parte de Dios, así como el plan soberano que tuvo diseñado para él desde antes d que fuera concebido (cp. Gálatas. 1.15, Pablo también se dio cuenta de algo similar). Lo que nos ensena, esta cita Bíblica de Jeremías. 1:5 es que el Creador el Omnisciente el que todo lo sabe, que cada uno de los seres humanos que vivimos en este Planeta llamado Tierra, el Creador ya nos concia desde antes de la fundación del mundo y antes de que nos formamos en el vientre de nuestra madre, porque el, permite que el espermatozoide del padre ya sea "Y" o sea "X" del varón, se una con el ovulo de la madre ya que ella es nada más "XX" entonces si es varón será "XY" pero si es mujercita será: "XX". Porque el Eterno lo permitió. Que se unirá los gametos: masculino y mujer. Muy bien, ahora vamos rumbo las: Analogías metafóricas aunado con la pedagogía, la didáctica, la filosofía, la psico didáctica, vinculando con el pensamiento simple y complejo para que el estudiantado y el docente. vallan integrando, los conceptos, los atributos.

Imagen.

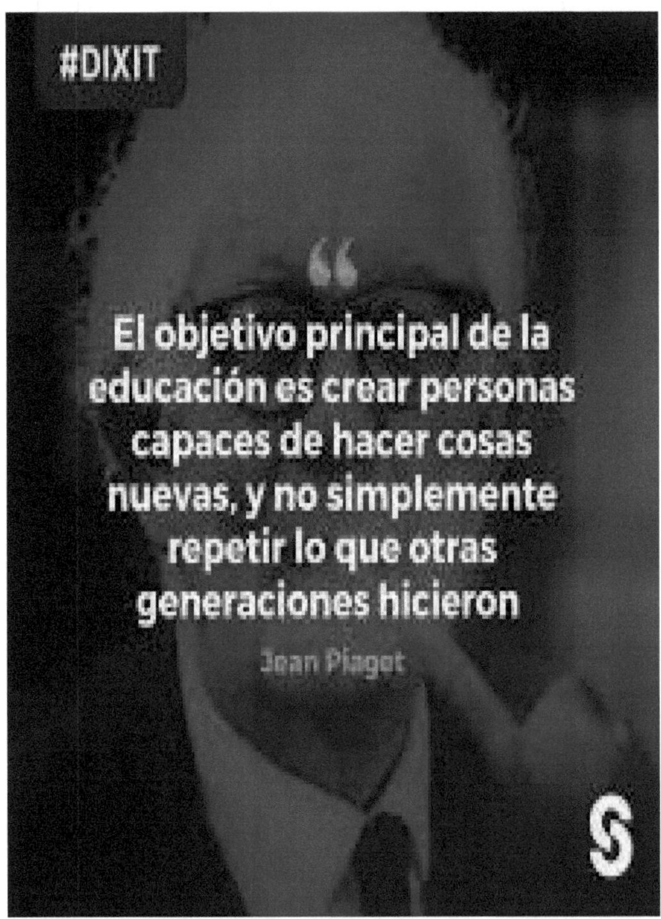
#DIXIT
"
El objetivo principal de la educación es crear personas capaces de hacer cosas nuevas, y no simplemente repetir lo que otras generaciones hicieron
Jean Piaget

Discusión.

Analogías Pedagógicas: Filosóficas. Pisco didácticas en el estudiantado y docente en las Instituciones educativas de diferentes niveles. (preescolar, escolar, secundaria, preparatoria, universitarios, maestrías y doctorados y postdoctorados.

(Jeremías, 1:5,).

Amor, estudiante, docente, pedagogía, filosofía, didáctica, instituciones educativas, cerebro humano: sabiduría, inteligencia, consejería, poder, conocimiento, temor al Dios- Eterno. Muy bien, para poder iniciar este proceso educativo debemos todos y cada uno de los estudiantes ya muy personal, detenerse por unos minutos, y meditar, reflexionar, y recordar que cada estudiante como cada ser humano de los cuatro vientos tenemos una: Masa Encefálica y que en ella están tres cerebros, y que el cerebro humano en el están los atributos como lo son : el amor limpio y verdadero, la sabiduría, e inteligencia, la consejería y el poder, el conocimiento y la reverencia al Eterno y también esta: la actividad neuronal y somática, las verdaderas decisiones y correctas, y el inter3s de superación cada segundo de nuestra vida, y ser alguien antes de morir, porque todos y cada uno de nosotros tenemos el potencial de decir un: No cuando es no, y un Si cuando es si, y en este asunto debemos de decir : Si para poder elaborar Analogías metafórica, aunado a ello la didáctica, la filosofía, la pedagogía, la psico didáctica, la lectura con mucho interés para poder discerní lo, leído y sobre todo ponerlo en práctica pata mi para la misma comunidad.

Cuadro mental.

Analogías Pedagógicas: Filosóficas. Pisco didácticas en el estudiantado y docente en las Instituciones educativas de diferentes niveles. (preescolar, escolar, secundaria, preparatoria, universitarios, maestrías y doctorados y postdoctorados.

(Jeremías, 1:5,).

Amor, estudiante, docente, pedagogía, filosofía, didáctica, instituciones educativas, cerebro humano: sabiduría, inteligencia, consejería, poder, conocimiento, temor al Dios- Eterno. Muy bien, para poder iniciar este proceso educativo debemos todos y cada uno de los estudiantes ya muy personal, detenerse por unos minutos, y meditar, reflexionar, y recordar que cada estudiante como cada ser humano de los cuatro vientos tenemos una: Masa Encefálica y que en ella están tres cerebros, y que el cerebro humano en el están los atributos como lo son : el amor limpio y verdadero, la sabiduría, e inteligencia, la consejería y el poder, el conocimiento y la reverencia al Eterno y también esta: la actividad neuronal y somática, las verdaderas decisiones y correctas, y el inter3s de superación cada segundo de nuestra vida, y ser alguien antes de morir, porque todos y cada uno de nosotros tenemos el potencial de decir un: No cuando es no, y un Si cuando es si, y en este asunto debemos de decir : Si para poder elaborar Analogías metafórica, aunado a ello la didáctica, la filosofía.

Imagen.

Armando Barraza
Por que, hoy dia, maestro y estudiante estan desintegrados
Acaso existe soberbia, en el docente y estudiantado

Resumiendo. Analogías Pedagógicas: Filosóficas. Pisco didácticas en el estudiantado y docente en las Instituciones educativas de diferentes niveles. (preescolar, escolar, secundaria, preparatoria, universitarios, maestrías y doctorados y postdoctorados.

(Jeremías, 1:5,).

Amor, estudiante, docente, pedagogía, filosofía, didáctica, instituciones educativas, cerebro humano: sabiduría, inteligencia, consejería, poder, conocimiento, temor al Dios- Eterno. Muy bien, para poder iniciar este proceso educativo debemos todos y cada uno de los estudiantes ya muy personal, detenerse por unos minutos, y meditar, reflexionar, y recordar que cada estudiante como cada ser humano de los cuatro vientos tenemos una: Masa Encefálica y que en ella están tres cerebros, y que el cerebro humano en el están los atributos como lo son : el amor limpio y verdadero, la sabiduría, e inteligencia, la consejería y el poder, el conocimiento y la reverencia al Eterno y también esta: la actividad neuronal y somática, las verdaderas decisiones y correctas, y el inter3s de superación cada segundo de nuestra vida, y ser alguien antes de morir, porque todos y cada uno de nosotros tenemos el potencial de decir un: No cuando es no, y un Si cuando es si, y en este asunto debemos de decir : Si para poder elaborar Analogías metafórica, aunado a ello la didáctica, la filosofía, la pedagogía, la psico didáctica, la lectura con mucho interés para poder discerní lo, leído y sobre todo ponerlo en práctica pata mi para la misma comunidad.

Recapitulación. Analogías Pedagógicas: Filosóficas. Pisco didácticas en el estudiantado y docente en las Instituciones educativas de diferentes niveles. (preescolar, escolar, secundaria, preparatoria, universitarios,

Amor, estudiante, docente, pedagogía, filosofía, didáctica, instituciones educativas, cerebro humano: sabiduría, inteligencia, consejería, poder, conocimiento, temor al Dios- Eterno.

Jeremías. Capítulo 1 versículo 5 dice así: Antes que te formase en el vientre te conocí, y antes que nacieses de la matriz te santifique, te di por profeta a las naciones. **1:5 Antes que te formase:** Esto no había de reencarnación, sino que es el conocimiento pleno de jeremías por parte de Dios, así como el plan soberano que tuvo diseñado para él desde antes d que fuera concebido (cp. Gálatas. 1.15, Pablo también se dio cuenta de algo similar). Lo que nos ensena, esta cita Bíblica de Jeremías. 1:5 es que el Creador el Omnisciente el que todo lo sabe, que cada uno de los seres humanos que vivimos en este Planeta llamado Tierra, el Creador ya nos concia desde antes de la fundación del mundo y antes de que nos formamos en el vientre de nuestra madre, porque el, permite que el espermatozoide del padre ya sea "Y" o sea "X" del varón, se una con el ovulo de la madre ya que ella es nada más "XX" entonces si es varón será "XY" pero si es mujercita será: "XX". Porque el Eterno lo permitió. Que se unirá los gametos: masculino y mujer. Muy bien, ahora vamos rumbo las: Analogías metafóricas aunado con la pedagogía, la didáctica, la filosofía, la psico didáctica, vinculando con el pensamiento simple y complejo para que el estudiantado y el docente. vallan integrando, los conceptos, los atributos.

Imagen.

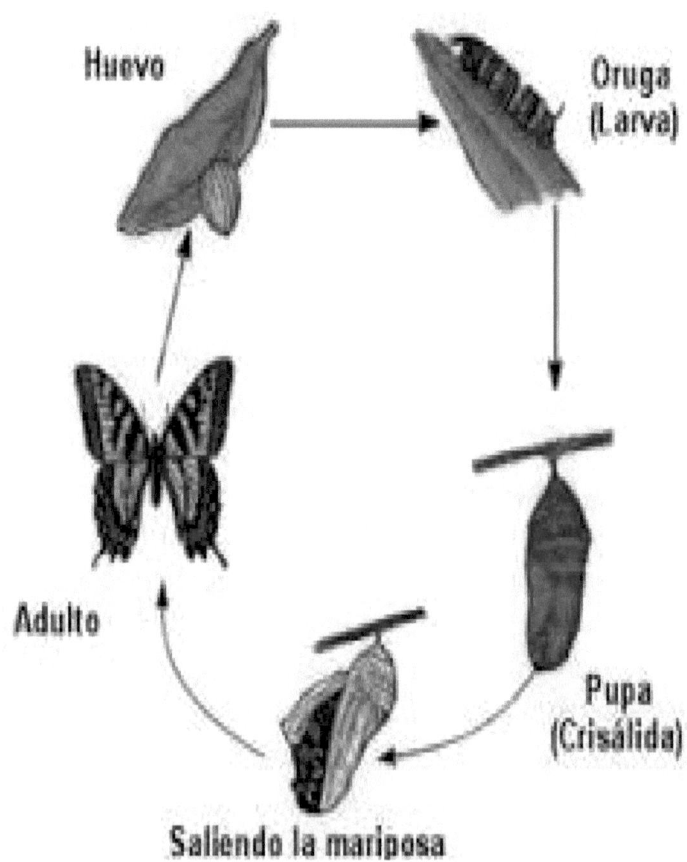
Huevo
Oruga
(Larva)
Pupa
(Crisálida)
Saliendo la mariposa
Adulto

Capitulo tres. Analogías Pedagógicas: Filosóficas. Pisco didácticas en el estudiantado y docente en las Instituciones educativas de diferentes niveles. (preescolar, escolar, secundaria, preparatoria, universitarios, maestrías y doctorados y postdoctorados. (Jeremías. 31.3).

Resumen. Analogías Pedagógicas: Filosóficas. Pisco didácticas en el estudiantado y docente en las Instituciones educativas de diferentes niveles. (preescolar, escolar, secundaria, preparatoria, universitarios, maestrías y doctorados y postdoctorados. (Jeremías. 31.3). en Jeremías, capitulo 31, y versículo 3 dice así: Yahveh se manifestó a mi hace ya mucho tiempo, diciendo: Con amor eterno te he amado; por tanto, te prolongue mi misericordia, si nos detenemos y leemos, las citas bíblicas, de: Efesios. 1: 4- 5, en jeremías. 1.5 y esta cita bíblica de Jeremías: 31: 3, vemos que existe una analogía metafórica, profundo es decir se vinculan las tres citas bíblicas, y además son didácticas, y de pensamiento simple y complejo donde se enlazan, se desenlazan y se re enlazan entre si las tres citas bíblicas, por ende, hay vinculación entre sí.

Palabras clave. Enlace, des enlace, reenlace, pensamiento complejo y simple, vinculación, estudiante, docente, leer, enseñanza-aprendizaje, amor eterno.

Introducción.

Analogías Pedagógicas: Filosóficas. Pisco didácticas en el estudiantado y docente en las Instituciones educativas de diferentes niveles. (preescolar, escolar, secundaria, preparatoria, universitarios, maestrías y doctorados y postdoctorados. (Jeremías. 31.3). en Jeremías, capitulo 31, y versículo 3 dice así: Yahveh se manifestó a mi hace ya mucho tiempo, diciendo: Con amor eterno te he amado; por tanto, te prolongue mi misericordia, si nos detenemos y leemos, las citas bíblicas, de: Efesios. 1: 4- 5, en jeremías. 1.5 y esta cita bíblica de Jeremías: 31: 3, vemos que existe una analogía metafórica, profundo es decir se vinculan las tres citas bíblicas, y además son didácticas, y de pensamiento simple y complejo donde se enlazan, se desenlazan y se re enlazan entre si las tres citas bíblicas, por ende, hay vinculación entre sí. Enlace, des enlace, reenlace, pensamiento complejo y simple, vinculación, estudiante, docente, leer, enseñanza-aprendizaje, amor eterno. Muy bien pues, vamos a vincular todo ello, con el estudiantado y docencia de los cuatro vientos de las diferente instituciones educativas desde: el pre escolar, escolar, secundaria, preparatoria, universidad, licenciatura, maestrías, doctorados y postdoctorados, para que cada quien va a leer, con mucho cuidado, y entendimiento, para poder enlazar, a des enlazar y posteriormente re enlazan y así llegaremos a un pensamiento simple y complejo con las aéreas pedagógicas, filosóficas, didácticas, y todo lo que atañe a la educación y enseñanza, para u solo fin, llegar a un pensamiento complejo con conocimiento profundo.

Metodología sistemática.

Analogías Pedagógicas: Filosóficas. Pisco didácticas en el estudiantado y docente en las Instituciones educativas de diferentes niveles. (preescolar, escolar, secundaria, preparatoria, universitarios, maestrías y doctorados y postdoctorados. (Jeremías. 31.3). en Jeremías, capitulo 31, y versículo 3 dice así: Yahveh se manifestó a mi hace ya mucho tiempo, diciendo: Con amor eterno te he amado; por tanto, te prolongue mi misericordia, si nos detenemos y leemos, las citas bíblicas, de: Efesios. 1: 4- 5, en jeremías. 1.5 y esta cita bíblica de Jeremías: 31: 3, vemos que existe una analogía metafórica, profundo es decir se vinculan las tres citas bíblicas, y además son didácticas, y de pensamiento simple y complejo donde se enlazan, se desenlazan y se re enlazan entre si las tres citas bíblicas, por ende, hay vinculación entre sí. Enlace, des enlace, reenlace, pensamiento complejo y simple, vinculación, estudiante, docente, leer, enseñanza-aprendizaje, amor eterno. Muy bien pues, vamos a vincular todo ello, con el estudiantado y docencia de los cuatro vientos de las diferente instituciones educativas desde: el pre escolar, escolar, secundaria, preparatoria, universidad, licenciatura, maestrías, doctorados y postdoctorados, para que cada quien va a leer, con mucho cuidado, y entendimiento, para poder enlazar, a des enlazar y posteriormente re enlazan y así llegaremos a un pensamiento simple y complejo con las aéreas pedagógicas, filosóficas, didácticas, y todo lo que atañe a la educación y enseñanza, para u solo fin, llegar a un pensamiento complejo con conocimiento profundo.

Imagen.

El desafío
de la complejidad
de los problemas
contemporáneos.

Cuadro mental.

Analogías Pedagógicas: Filosóficas. Pisco didácticas en el estudiantado y docente en las Instituciones educativas de diferentes niveles. (preescolar, escolar, secundaria, preparatoria, universitarios, maestrías y doctorados y postdoctorados. (Jeremías. 31.3). en Jeremías, capitulo 31, y versículo 3 dice así: Yahveh se manifestó a mi hace ya mucho tiempo, diciendo: Con amor eterno te he amado; por tanto, te prolongue mi misericordia, si nos detenemos y leemos, las citas bíblicas, de: Efesios. 1: 4- 5, en jeremías. 1.5 y esta cita bíblica de Jeremías: 31: 3, vemos que existe una analogía metafórica, profundo es decir se vinculan las tres citas bíblicas, y además son didácticas, y de pensamiento simple y complejo donde se enlazan, se desenlazan y se re enlazan entre si las tres citas bíblicas, por ende, hay vinculación entre sí. Enlace, des enlace, reenlace, pensamiento complejo y simple, vinculación, estudiante, docente, leer, enseñanza-aprendizaje, amor eterno. Muy bien pues, vamos a vincular todo ello, con el estudiantado y docencia de los cuatro vientos de las diferentes instituciones educativas desde: el preescolar, escolar, secundaria, preparatoria, universidad, licenciatura, maestrías, doctorados y postdoctorados, para que cada quien va a leer, con mucho cuidado.

Resumiendo.

Analogías Pedagógicas: Filosóficas. Pisco didácticas en el estudiantado y docente en las Instituciones educativas de diferentes niveles. (preescolar, escolar, secundaria, preparatoria, universitarios, maestrías y doctorados y postdoctorados. (Jeremías. 31.3). en Jeremías, capitulo 31, y versículo 3 dice así: Yahveh se manifestó a mi hace ya mucho tiempo, diciendo: Con amor eterno te he amado; por tanto, te prolongue mi misericordia, si nos detenemos y leemos, las citas bíblicas, de: Efesios. 1: 4- 5, en jeremías. 1.5 y esta cita bíblica de Jeremías: 31: 3, vemos que existe una analogía metafórica, profundo es decir se vinculan las tres citas bíblicas, y además son didácticas, y de pensamiento simple y complejo donde se enlazan, se desenlazan y se re enlazan entre si las tres citas bíblicas, por ende, hay vinculación entre sí. Enlace, des enlace, reenlace, pensamiento complejo y simple, vinculación, estudiante, docente, leer, enseñanza-aprendizaje, amor eterno. Muy bien pues, vamos a vincular todo ello, con el estudiantado y docencia de los cuatro vientos de las diferente instituciones educativas desde: el pre escolar, escolar, secundaria, preparatoria, universidad, licenciatura, maestrías, doctorados y postdoctorados, para que cada quien va a leer, con mucho cuidado, y entendimiento, para poder enlazar, a des enlazar y posteriormente re enlazan y así llegaremos a un pensamiento simple y complejo con las aéreas pedagógicas, filosóficas, didácticas, y todo lo que atañe a la educación y enseñanza, para u solo fin, llegar a un pensamiento complejo con conocimiento profundo.

Discusión.) En Jeremías, capitulo 31, y versículo 3 dice así: Yahveh se manifestó a mi hace ya mucho tiempo, diciendo: Con amor eterno te he amado; por tanto, te prolongue mi misericordia, si nos detenemos y leemos, las citas bíblicas, de: Efesios. 1: 4- 5, en jeremías. 1.5 y esta cita bíblica de Jeremías: 31: 3, vemos que existe una analogía metafórica, profundo es decir se vinculan las tres citas bíblicas, y además son didácticas, y de pensamiento simple y complejo donde se enlazan, se desenlazan y se re enlazan entre si las tres citas bíblicas, por ende, hay vinculación entre sí. Enlace, des enlace, reenlace, pensamiento complejo y simple, vinculación, estudiante, docente, leer, enseñanza-aprendizaje, amor eterno. Muy bien pues, vamos a vincular todo ello, con el estudiantado y docencia de los cuatro vientos de las diferente instituciones educativas desde: el pre escolar, escolar, secundarla, preparatoria, universidad, licenciatura, maestrías, doctorados y postdoctorados, para que cada quien va a leer, con mucho cuidado, y entendimiento, para poder enlazar, a des enlazar y posteriormente re enlazan y así llegaremos a un pensamiento simple y complejo con las aéreas pedagógicas, filosóficas, didácticas, y todo lo que atañe a la educación y enseñanza, para u solo fin, llegar a un pensamiento complejo con conocimiento profundo. Muy bien vemos, y hemos entendido que todo estudiante y docente debemos de estar vinculados en el salón de clases para poder iniciar el hermoso proceso de la lectura con fines de llegar a un entendimiento profundo, para poder discernir, entender y comprender lo leído y además ponerlo en práctica para uno mismo y después para la misma comunidad.

Recapitulación. Analogías Pedagógicas: Filosóficas. Pisco didácticas en el estudiantado y docente en las Instituciones educativas de diferentes niveles. (preescolar, escolar, secundaria, preparatoria, universitarios, maestrías y doctorados y postdoctorados. (Jeremías. 31.3). en Jeremías, capitulo 31, y versículo 3 dice así: Yahveh se manifestó a mi hace ya mucho tiempo, diciendo: Con amor eterno te he amado; por tanto, te prolongue mi misericordia, si nos detenemos y leemos, las citas bíblicas, de: Efesios. 1: 4- 5, en jeremías. 1.5 y esta cita bíblica de Jeremías: 31: 3, vemos que existe una analogía metafórica, profundo es decir se vinculan las tres citas bíblicas, y además son didácticas, y de pensamiento simple y complejo donde se enlazan, se desenlazan y se re enlazan entre si las tres citas bíblicas, por ende, hay vinculación entre sí. Enlace, des enlace, reenlace, pensamiento complejo y simple, vinculación, estudiante, docente, leer, enseñanza-aprendizaje, amor eterno. Muy bien pues, vamos a vincular todo ello, con el estudiantado y docencia de los cuatro vientos de las diferente instituciones educativas desde: el pre escolar, escolar, secundaria, preparatoria, universidad, licenciatura, maestrías, doctorados y postdoctorados, para que cada quien va a leer, con mucho cuidado, y entendimiento, para poder enlazar, a des enlazar y posteriormente re enlazan y así llegaremos a un pensamiento simple y complejo con las aéreas pedagógicas, filosóficas, didácticas, y todo lo que atañe a la educación y enseñanza, para u solo fin, llegar a un pensamiento complejo con conocimiento profundo.

Imagen.

Concepción del pensamiento complejo
➢ Es una estrategia cognitiva que permite generar acciones para facilitar mejoras en el aprendizaje de los estudiantes, tanto en la asimilación como en la retención de la información.
➢ Permite lograr cambios profundos en el aprendizaje y en la enseñanza, para encontrar soluciones acordes al propio contexto o realidad de los estudiantes.

Imagen.

PENSAMIENTO COMPLEJO

Término acuñado por el filósofo francés Edgar Morín (2004) Se refiere a la capacidad de interconectar distintas dimensiones de lo real, con carácter reflexivo.

Capitulo cuatro. Analogías Pedagógicas: Filosóficas. Pisco didácticas en el estudiantado y docente en las Instituciones educativas de diferentes niveles. (preescolar, escolar, secundaria, preparatoria, universitarios, maestrías y doctorados y postdoctorados. (Isaías. 51.16).

Resumen. Analogías Pedagógicas: Filosóficas. Pisco didácticas en el estudiantado y docente en las Instituciones educativas de diferentes niveles. (preescolar, escolar, secundaria, preparatoria, universitarios, maestrías y doctorados y postdoctorados. (Isaías. 51.16). dice así: Y en tu boca he puesto mis palabras, y con la sombra de mi mano te cubrí, extendiendo los cielos y echando los cimientos de la tierra, y diciendo a Sion (armando): Pueblo mío eres tú.

Palabras clave. Boca, puesto, palabras, sombra, cubrí cielos, echando, cimientos, tierra, Sion, armando, Pueblo mío, eres tú.

Introducción. Analogías Pedagógicas: Filosóficas. Pisco didácticas en el estudiantado y docente en las Instituciones educativas de diferentes niveles. (preescolar, escolar, secundaria, preparatoria, universitarios, maestrías y doctorados y postdoctorados. (Isaías. 51.16). dice así: Y en tu boca he puesto mis palabras, y con la sombra de mi mano te cubrí, extendiendo los cielos y echando los cimientos de la tierra, y diciendo a Sion (armando): Pueblo mío eres tú. Boca, puesto, palabras, sombra, cubrí cielos, echando, cimientos, tierra, Sion, armando, Pueblo mío, eres tú. **51:16 en tu boca...mis palabras**: Israel había sido el depositario infiel de la revelación divina (cp. Romanos. 9:1-5); pero el tiempo viene en el que Dios pondrá palabras en a la boca de su remanente fiel en el futuro (51:6; 65: 17; 66:22). Así es cuando elaboramos, analogías metáforas educativas, donde el estudiante si el quiere ser fiel a sus principios en la enseñanza, aprendizaje, quiere retomar la pedagogía, para poder leer tal como debe de ser aunado a ello la didáctica, la filosofía, la psico didáctica y así poder retomar lo que estaba perdido y muy lejos de nosotros, por tanto uso exagerado del celular. Internet día tras día, noche tras noche hasta el día de hoy. Estábamos en la Sima, pero hoy día ya estamos en la Cima. Todas estas herramientas que ya tenemos, pues bien, cada estudiante y maestro (a) podremos vincular los frutos, los atributos del nuestro cerebro humano, con la pedagogía, con la didáctica, con la filosofía, con la constancia, con la perseverancia y con las ganas de iniciar este hermoso proceso educativo, y que lo primero es la lectura, entender, cada palabra, cada verbo, cada oración, para poder enlazarla con la lectura completa,

Metodología sistemática. Analogías Pedagógicas: Filosóficas. Pisco didácticas en el estudiantado y docente en las Instituciones educativas de diferentes niveles. (preescolar, escolar, secundaria, preparatoria, universitarios, maestrías y doctorados y postdoctorados. (Isaías. 51.16). dice así: Y en tu boca he puesto mis palabras, y con la sombra de mi mano te cubrí, extendiendo los cielos y echando los cimientos de la tierra, y diciendo a Sion (armando): Pueblo mío eres tú. Boca, puesto, palabras, sombra, cubrí cielos, echando, cimientos, tierra, Sion, armando, Pueblo mío, eres tú. **51:16 en tu boca...mis palabras**: Israel había sido el depositario infiel de la revelación divina (cp. Romanos. 9:1-5); pero el tiempo viene en el que Dios pondrá palabras en a la boca de su remanente fiel en el futuro (51:6; 65: 17; 66:22). Así es cuando elaboramos, analogías metáforas educativas, donde el estudiante si el quiere ser fiel a sus principios en la enseñanza, aprendizaje, quiere retomar la pedagogía, para poder leer tal como debe de ser aunado a ello la didáctica, la filosofía, la psico didáctica y así poder retomar lo que estaba perdido y muy lejos de nosotros, por tanto, uso exagerado del celular. Internet día tras día, noche tras noche hasta el día de hoy. Estábamos en la Sima, pero hoy día ya estamos en la Cima. Todas estas herramientas que ya tenemos, pues bien, cada estudiante y maestro (a) podremos vincular los frutos, los atributos del nuestro cerebro humano, con la pedagogía, con la didáctica, con la filosofía, con la constancia, con la perseverancia y con las ganas de iniciar este hermoso proceso educativo, y que lo primero es la lectura, entender, cada palabra, cada verbo, cada oración, para poder enlazarla con la lectura completa,

Discusión.

Y así poder elaborar analogías metafóricas y didácticas en mapas mentales y cognitivos, y poder aplicarla para uno mismo y para la comunidad misma. Analogías Pedagógicas: Filosóficas. Pisco didácticas en el estudiantado y docente en las Instituciones educativas de diferentes niveles. (preescolar, escolar, secundaria, preparatoria, universitarios, maestrías y doctorados y postdoctorados. (Isaías. 51.16). dice así: Y en tu boca he puesto mis palabras, y con la sombra de mi mano te cubrí, extendiendo los cielos y echando los cimientos de la tierra, y diciendo a Sion (armando): Pueblo mío eres tú. Boca, puesto, palabras, sombra, cubrí cielos, echando, cimientos, tierra, Sion, armando, Pueblo mío, eres tú. **51:16 en tu boca...mis palabras**: Israel había sido el depositario infiel de la revelación divina (cp. Romanos. 9:1-5); pero el tiempo viene en el que Dios pondrá palabras en a la boca de su remanente fiel en el futuro (51:6; 65: 17; 66:22). Así es cuando elaboramos, analogías metáforas educativas, donde el estudiante si el quiere ser fiel a sus principios en la enseñanza, aprendizaje, quiere retomar la pedagogía, para poder leer tal como debe de ser aunado a ello la didáctica, la filosofía, la psico didáctica y así poder retomar lo que estaba perdido y muy lejos de nosotros, por tanto, uso exagerado del celular. Internet día tras día, noche tras noche hasta el día de hoy. Estábamos en la Sima, pero hoy día ya estamos en la Cima. Todas estas herramientas que ya tenemos, pues bien, cada estudiante y maestro (a) podremos vincular los frutos, los atributos del nuestro cerebro humano.

Cuadro mental.

Con la pedagogía, con la didáctica, con la filosofía, con la constancia, con la perseverancia y con las ganas de iniciar este hermoso proceso educativo, y que lo primero es la lectura, entender, cada palabra, cada verbo, cada oración, para poder enlazarla con la lectura completa. Y así poder elaborar analogías metafóricas y didácticas en mapas mentales y cognitivos, y poder aplicarla para uno mismo y para la comunidad misma. Analogías Pedagógicas: Filosóficas. Pisco didácticas en el estudiantado y docente en las Instituciones educativas de diferentes niveles. (preescolar, escolar, secundaria, preparatoria, universitarios, maestrías y doctorados y postdoctorados. (Isaías. 51.16). dice así: Y en tu boca he puesto mis palabras, y con la sombra de mi mano te cubrí, extendiendo los cielos y echando los cimientos de la tierra, y diciendo a Sion (armando): Pueblo mío eres tú. Boca, puesto, palabras, sombra, cubrí cielos, echando, cimientos, tierra, Sion, armando, Pueblo mío, eres tú. ¿Qué piensa tu mi querido lector(a) de este hermoso cuadro mental? Te invito estudiante y docente a que inicies este hermoso reto de la lectura.

Imagen.

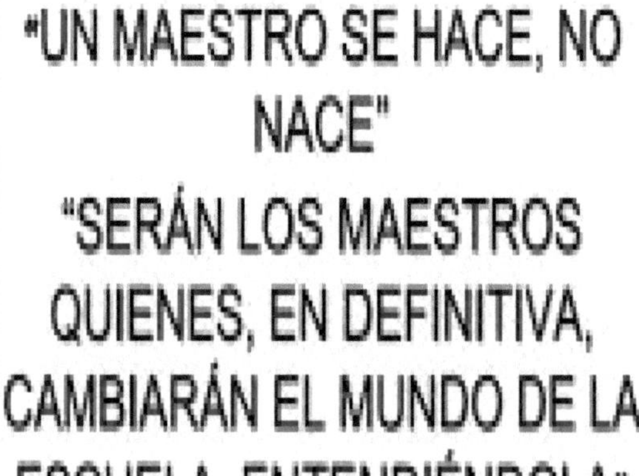
"UN MAESTRO SE HACE, NO NACE"
"SERÁN LOS MAESTROS QUIENES, EN DEFINITIVA, CAMBIARÁN EL MUNDO DE LA ESCUELA, ENTENDIÉNDOLA"
(Stenhouse).

Resumiendo. Analogías Pedagógicas: Filosóficas. Pisco didácticas en el estudiantado y docente en las Instituciones educativas de diferentes niveles. (preescolar, escolar, secundaria, preparatoria, universitarios, maestrías y doctorados y postdoctorados. (Isaías. 51.16). dice así: Y en tu boca he puesto mis palabras, y con la sombra de mi mano te cubrí, extendiendo los cielos y echando los cimientos de la tierra, y diciendo a Sion (armando): Pueblo mío eres tú. Boca, puesto, palabras, sombra, cubrí cielos, echando, cimientos, tierra, Sion, armando, Pueblo mío, eres tú. **51:16 en tu boca...mis palabras**: Israel había sido el depositario infiel de la revelación divina (cp. Romanos. 9:1-5); pero el tiempo viene en el que Dios pondrá palabras en a la boca de su remanente fiel en el futuro (51:6; 65: 17; 66:22). Así es cuando elaboramos, analogías metáforas educativas, donde el estudiante si el quiere ser fiel a sus principios en la enseñanza, aprendizaje, quiere retomar la pedagogía, para poder leer tal como debe de ser aunado a ello la didáctica, la filosofía, la psico didáctica y así poder retomar lo que estaba perdido y muy lejos de nosotros, por tanto, uso exagerado del celular. Internet día tras día, noche tras noche hasta el día de hoy. Estábamos en la Sima, pero hoy día ya estamos en la Cima. Todas estas herramientas que ya tenemos, pues bien, cada estudiante y maestro (a) podremos vincular los frutos, los atributos del nuestro cerebro humano, con la pedagogía, con la didáctica, con la filosofía, con la constancia, con la perseverancia y con las ganas de iniciar este hermoso proceso educativo, y que lo primero es la lectura, entender, cada palabra, cada verbo, cada oración, para poder enlazarla con la lectura completa.

Imagen.

Recapitulación. Y así poder elaborar analogías metafóricas y didácticas en mapas mentales y cognitivos, y poder aplicarla para uno mismo y para la comunidad misma. Analogías Pedagógicas: Filosóficas. Pisco didácticas en el estudiantado y docente en las Instituciones educativas de diferentes niveles. (preescolar, escolar, secundaria, preparatoria, universitarios, maestrías y doctorados y postdoctorados. (Isaías. 51.16). dice así: Y en tu boca he puesto mis palabras, y con la sombra de mi mano te cubrí, extendiendo los cielos y echando los cimientos de la tierra, y diciendo a Sion (armando): Pueblo mío eres tú. Boca, puesto, palabras, sombra, cubrí cielos, echando, cimientos, tierra, Sion, armando, Pueblo mío, eres tú. **51:16 en tu boca...mis palabras**: Israel había sido el depositario infiel de la revelación divina (cp. Romanos. 9:1-5); pero el tiempo viene en el que Dios pondrá palabras en a la boca de su remanente fiel en el futuro (51:6; 65: 17; 66:22). Así es cuando elaboramos, analogías metáforas educativas, donde el estudiante si él quiere ser fiel a sus principios en la enseñanza, aprendizaje, quiere retomar la pedagogía, para poder leer tal como debe de ser aunado a ello la didáctica, la filosofía, la psico didáctica y así poder retomar lo que estaba perdido y muy lejos de nosotros, por tanto, uso exagerado del celular. Internet día tras día, noche tras noche hasta el día de hoy. Estábamos en la Sima, pero hoy día ya estamos en la Cima. Todas estas herramientas que ya tenemos, pues bien, cada estudiante y maestro (a) podremos vincular los frutos, los atributos del nuestro cerebro humano.

Imagen.

Capitulo cinco.

Una Recapitulación de los capítulos anteriores.

Resumen. Analogías Pedagógicas: Filosóficas. Pisco didácticas en el estudiantado y docente en las Instituciones educativas de diferentes niveles. (preescolar, escolar, secundaria, preparatoria, universitarios, maestrías y doctorados y postdoctorados. (Isaías. 51.16). dice así: Y en tu boca he puesto mis palabras, y con la sombra de mi mano te cubrí, extendiendo los cielos y echando los cimientos de la tierra, y diciendo a Sion (armando): Pueblo mío eres tú.

Palabras clave. Palabras clave. Boca, puesto, palabras, sombra, cubrí cielos, echando, cimientos, tierra, Sion, armando, Pueblo mío, eres tú.

Introducción. Analogías Pedagógicas: Filosóficas. Pisco didácticas en el estudiantado y docente en las Instituciones educativas de diferentes niveles. (preescolar, escolar, secundaria, preparatoria, universitarios, maestrías y doctorados y postdoctorados. (Jeremías. 31.3). en Jeremías, capitulo 31, y versículo 3 dice así: Yahveh se manifestó a mi hace ya mucho tiempo, diciendo: Con amor eterno te he amado; por tanto, te prolongue mi misericordia, si nos detenemos y leemos, las citas bíblicas, de: Efesios. 1: 4- 5, en jeremías. 1.5 y esta cita bíblica de Jeremías: 31: 3, vemos que existe una analogía metafórica, profundo es decir se vinculan las tres citas bíblicas, y además son didácticas, y de pensamiento simple y complejo donde se enlazan, se desenlazan y se re enlazan entre si las tres citas bíblicas, por ende, hay vinculación entre sí. Enlace, des enlace, reenlace, pensamiento complejo y simple, vinculación, estudiante, docente, leer, enseñanza-aprendizaje, amor eterno. Muy bien pues, vamos a vincular todo ello, con el estudiantado y docencia de los cuatro vientos de las diferente instituciones educativas desde: el pre escolar, escolar, secundaria, preparatoria, universidad, licenciatura, maestrías, doctorados y postdoctorados, para que cada quien va a leer, con mucho cuidado, y entendimiento, para poder enlazar, a des enlazar y posteriormente re enlazan y así llegaremos a un pensamiento simple y complejo con las aéreas pedagógicas, filosóficas, didácticas, y todo lo que atañe a la educación y enseñanza, para u solo fin, llegar a un pensamiento complejo con conocimiento profundo.

Metodología sistemática. Analogías Pedagógicas: Filosóficas. Pisco didácticas en el estudiantado y docente en las Instituciones educativas de diferentes niveles. (preescolar, escolar, secundaria, preparatoria, universitarios, maestrías y doctorados y postdoctorados. (Jeremías. 31.3). en Jeremías, capitulo 31, y versículo 3 dice así: Yahveh se manifestó a mi hace ya mucho tiempo, diciendo: Con amor eterno te he amado; por tanto, te prolongue mi misericordia, si nos detenemos y leemos, las citas bíblicas, de: Efesios. 1: 4- 5, en jeremías. 1.5 y esta cita bíblica de Jeremías: 31: 3, vemos que existe una analogía metafórica, profundo es decir se vinculan las tres citas bíblicas, y además son didácticas, y de pensamiento simple y complejo donde se enlazan, se desenlazan y se re enlazan entre si las tres citas bíblicas, por ende, hay vinculación entre sí. Enlace, des enlace, reenlace, pensamiento complejo y simple, vinculación, estudiante, docente, leer, enseñanza-aprendizaje, amor eterno. Muy bien pues, vamos a vincular todo ello, con el estudiantado y docencia de los cuatro vientos de las diferente instituciones educativas desde: el pre escolar, escolar, secundaria, preparatoria, universidad, licenciatura, maestrías, doctorados y postdoctorados, para que cada quien va a leer, con mucho cuidado, y entendimiento, para poder enlazar, a des enlazar y posteriormente re enlazan y así llegaremos a un pensamiento simple y complejo con las aéreas pedagógicas, filosóficas, didácticas, y todo lo que atañe a la educación y enseñanza, para u solo fin, llegar a un pensamiento complejo con conocimiento profundo.

Discusión. Analogías Pedagógicas: Filosóficas. Pisco didácticas en el estudiantado y docente en las Instituciones educativas de diferentes niveles. (preescolar, escolar, secundaria, preparatoria, universitarios, maestrías y doctorados y postdoctorados.

(Jeremías, 1:5,).

Amor, estudiante, docente, pedagogía, filosofía, didáctica, instituciones educativas, cerebro humano: sabiduría, inteligencia, consejería, poder, conocimiento, temor al Dios- Eterno. Muy bien, para poder iniciar este proceso educativo debemos todos y cada uno de los estudiantes ya muy personal, detenerse por unos minutos, y meditar, reflexionar, y recordar que cada estudiante como cada ser humano de los cuatro vientos tenemos una: Masa Encefálica y que en ella están tres cerebros, y que el cerebro humano en el están los atributos como lo son : el amor limpio y verdadero, la sabiduría, e inteligencia, la consejería y el poder, el conocimiento y la reverencia al Eterno y también esta: la actividad neuronal y somática, las verdaderas decisiones y correctas, y el inter3s de superación cada segundo de nuestra vida, y ser alguien antes de morir, porque todos y cada uno de nosotros tenemos el potencial de decir un: No cuando es no, y un Si cuando es si, y en este asunto debemos de decir : Si para poder elaborar Analogías metafórica, aunado a ello la didáctica, la filosofía, la pedagogía, la psico didáctica, la lectura con mucho interés para poder discerní lo, leído y sobre todo ponerlo en práctica pata mi para la misma comunidad.

Imagen.

Las analogías

Es la que nos permite establecer un vínculo o relación entre dos palabras. Los ejercicios de analogía ayudan a establecer relaciones entre relaciones y, por lo tanto, elevan el nivel de abstracción de las ideas.

Las Metáforas

Son figuras literarias del lenguaje que contienen ideas implícitas, las cuales debemos descifrar. Toda metáfora lleva implícita una analogía.

Cuadro mental.

Y así poder elaborar analogías metafóricas y didácticas en mapas mentales y cognitivos, y poder aplicarla para uno mismo y para la comunidad misma. Analogías Pedagógicas: Filosóficas. Pisco didácticas en el estudiantado y docente en las Instituciones educativas de diferentes niveles. (preescolar, escolar, secundaria, preparatoria, universitarios, maestrías y doctorados y postdoctorados. (Isaías. 51.16). dice así: Y en tu boca he puesto mis palabras, y con la sombra de mi mano te cubrí, extendiendo los cielos y echando los cimientos de la tierra, y diciendo a Sion (armando): Pueblo mío eres tú. Boca, puesto, palabras, sombra, cubrí cielos, echando, cimientos, tierra, Sion, armando, Pueblo mío, eres tú. **51:16 en tu boca...mis palabras**: Israel había sido el depositario infiel de la revelación divina (cp. Romanos. 9:1-5); pero el tiempo viene en el que Dios pondrá palabras en a la boca de su remanente fiel en el futuro (51:6; 65: 17; 66:22). Así es cuando elaboramos, analogías metáforas educativas, donde el estudiante si él quiere ser fiel a sus principios en la enseñanza, aprendizaje, quiere retomar la pedagogía, para poder leer tal como debe de ser aunado a ello la didáctica, la filosofía, la psico didáctica y así poder retomar lo que estaba perdido y muy lejos de nosotros, por tanto, uso exagerado del celular. Internet día tras día, noche tras noche hasta el día de hoy. Estábamos en la Sima, pero hoy día ya estamos en la Cima. Todas estas herramientas que ya tenemos.

Resumiendo. Analogías Pedagógicas: Filosóficas. Pisco didácticas en el estudiantado y docente en las Instituciones educativas de diferentes niveles. (preescolar, escolar, secundaria, preparatoria, universitarios,

Amor, estudiante, docente, pedagogía, filosofía, didáctica, instituciones educativas, cerebro humano: sabiduría, inteligencia, consejería, poder, conocimiento, temor al Dios- Eterno.

Jeremías. Capítulo 1 versículo 5 dice así: Antes que te formase en el vientre te conocí, y antes que nacieses de la matriz te santifique, te di por profeta a las naciones. **1:5 Antes que te formase:** Esto no había de reencarnación, sino que es el conocimiento pleno de jeremías por parte de Dios, así como el plan soberano que tuvo diseñado para él desde antes d que fuera concebido (cp. Gálatas. 1.15, Pablo también se dio cuenta de algo similar). Lo que nos ensena, esta cita Bíblica de Jeremías. 1:5 es que el Creador el Omnisciente el que todo lo sabe, que cada uno de los seres humanos que vivimos en este Planeta llamado Tierra, el Creador ya nos concia desde antes de la fundación del mundo y antes de que nos formamos en el vientre de nuestra madre, porque el, permite que el espermatozoide del padre ya sea "Y" o sea "X" del varón, se una con el ovulo de la madre ya que ella es nada más "XX" entonces si es varón será "XY" pero si es mujercita será: "XX". Porque el Eterno lo permitió. Que se unirá los gametos: masculino y mujer. Muy bien, ahora vamos rumbo las: Analogías metafóricas aunado con la pedagogía, la didáctica, la filosofía, la psico didáctica, vinculando con el pensamiento simple y complejo para que el estudiantado y el docente. vallan integrando, los conceptos, los atributos.

Imagen.

Recapitulación.

Analogías Pedagógicas: Filosóficas. Pisco didácticas en el estudiantado y docente en las Instituciones educativas de diferentes niveles. (preescolar, escolar, secundaria, preparatoria, universitarios, maestrías y doctorados y postdoctorados.

(Jeremías, 1:5,).

Amor, estudiante, docente, pedagogía, filosofía, didáctica, instituciones educativas, cerebro humano: sabiduría, inteligencia, consejería, poder, conocimiento, temor al Dios- Eterno. Muy bien, para poder iniciar este proceso educativo debemos todos y cada uno de los estudiantes ya muy personal, detenerse por unos minutos, y meditar, reflexionar, y recordar que cada estudiante como cada ser humano de los cuatro vientos tenemos una: Masa Encefálica y que en ella están tres cerebros, y que el cerebro humano en el están los atributos como lo son : el amor limpio y verdadero, la sabiduría, e inteligencia, la consejería y el poder, el conocimiento y la reverencia al Eterno y también esta: la actividad neuronal y somática, las verdaderas decisiones y correctas, y el inter3s de superación cada segundo de nuestra vida, y ser alguien antes de morir, porque todos y cada uno de nosotros tenemos el potencial de decir un: No cuando es no, y un Si cuando es si, y en este asunto debemos de decir : Si para poder elaborar Analogías metafórica, aunado a ello la didáctica, la filosofía, la pedagogía, la psico didáctica, la lectura con mucho interés para poder discerní lo, leído y sobre todo ponerlo en práctica pata mi para la misma comunidad.

Imagen.

El mundo te podrá
rechazar, menospreciar, herir,
criticar, perseguir y condenar
pero sí tú te guardas
en santidad y fruto...
Jesucristo nunca te abandonará.

Capitulo seis. Enseñanza- aprendizaje aunado a la vinculación, y enlaces pedagógicos, didácticas y filosóficas entre el estudiantado y docente.

Resumen. Enseñanza- aprendizaje aunado a la vinculación, y enlaces pedagógicos, didácticas y filosóficas entre el estudiantado y docente. Hemos recorrido cinco capítulos que nos han dado las herramientas necesarias para seguir adelante, es por ello que hoy en este sexto capitulo nos vamos a enfocar, a vincular, a enlazar con las herramientas que ya tenemos en nuestra mente- conciencia, cerebro humano y cerebro mamífero, para poder decidir con la palabra poderosa de decir un: No cuando es un no, y un Si, cuando es un sí, pues bien iniciemos con esta hermosa aventura.

Palabras clave. Amor, herramientas, constancia, persistencia, coraje, No, Si, estudiante, docente, la comunidad. Cima, Sima.

Introducción. Enseñanza- aprendizaje aunado a la vinculación, y enlaces pedagógicos, didácticas y filosóficas entre el estudiantado y docente. Hemos recorrido cinco capítulos que nos han dado las herramientas necesarias para seguir adelante, es por ello que hoy en este sexto capitulo nos vamos a enfocar, a vincular, a enlazar con las herramientas que ya tenemos en nuestra mente- conciencia, cerebro humano y cerebro mamífero, para poder decidir con la palabra poderosa de decir un: No cuando es un no, y un Si, cuando es un sí, pues bien iniciemos con esta hermosa aventura. Amor, herramientas, constancia, persistencia, coraje, No, Si, estudiante, docente, la comunidad. Cima, Sima. Muy bien, les pido humildemente al estudiantado de los cuatro vientos, que si van a estudiar en verdad, que le echen muchas ganas, que el tiempo corre muy rápido y no perdona, cuando menso pensemos ya estamos grande de edad, y nos arrepentíos, de haber perdido el tiempo, es por ello que todos y cada uno de nosotros debemos de ir a la escuela a la Universidad con el pensamiento de ser mejore cada amanecer, cada anochecer, y aprender- aprendiendo cada segundo, dada minuto, cada hora, cada día, cada semana, y así sucesivamente .

Muy bien, ya tenemos todas las herramientas didácticas para poder iniciar el proceso educativo analógico tanto el estudiante como el docente y así podemos iniciar hoy: primeramente, hay que aprender-aprendiendo a leer, a entender, a comprender, a discernir, a dialogar, a elaborar mapas mentales y cognitivos. A enlazar los conceptos, y así, poder ponerlo en práctica primeramente para mí, y después para los demás.

Metodología sistemática. Enseñanza- aprendizaje aunado a la vinculación, y enlaces pedagógicos, didácticas y filosóficas entre el estudiantado y docente. Hemos recorrido cinco capítulos que nos han dado las herramientas necesarias para seguir adelante, es por ello que hoy en este sexto capitulo nos vamos a enfocar, a vincular, a enlazar con las herramientas que ya tenemos en nuestra mente- conciencia, cerebro humano y cerebro mamífero, para poder decidir con la palabra poderosa de decir un: No cuando es un no, y un Si, cuando es un sí, pues bien iniciemos con esta hermosa aventura. Amor, herramientas, constancia, persistencia, coraje, No, Si, estudiante, docente, la comunidad. Cima, Sima. Muy bien, les pido humildemente al estudiantado de los cuatro vientos, que si van a estudiar en verdad, que le echen muchas ganas, que el tiempo corre muy rápido y no perdona, cuando menso pensemos ya estamos grande de edad, y nos arrepentíos, de haber perdido el tiempo, es por ello que todos y cada uno de nosotros debemos de ir a la escuela a la Universidad con el pensamiento de ser mejore cada amanecer, cada anochecer, y aprender- aprendiendo cada segundo, dada minuto, cada hora, cada día, cada semana, y así sucesivamente .

Muy bien, ya tenemos todas las herramientas didácticas para poder iniciar el proceso educativo analógico tanto el estudiante como el docente y así podemos iniciar hoy: primeramente, hay que aprender- aprendiendo a leer, a entender, a comprender, a discernir, a dialogar, a elaborar mapas mentales y cognitivos. A enlazar los conceptos, y así, poder ponerlo en práctica primeramente para mí, y después para los demás.

Imagen.

COORDINACIÓN EDUCATIVA Y CULTURAL CENTROAMERICANA
(CECC)
Educación y Realidad:
Introducción a la Filosofía
del Aprendizaje
3

Discusión. Enseñanza- aprendizaje aunado a la vinculación, y enlaces pedagógicos, didácticas y filosóficas entre el estudiantado y docente. Hemos recorrido cinco capítulos que nos han dado las herramientas necesarias para seguir adelante, es por ello que hoy en este sexto capitulo nos vamos a enfocar, a vincular, a enlazar con las herramientas que ya tenemos en nuestra mente- conciencia, cerebro humano y cerebro mamífero, para poder decidir con la palabra poderosa de decir un: No cuando es un no, y un Si, cuando es un sí, pues bien iniciemos con esta hermosa aventura. Amor, herramientas, constancia, persistencia, coraje, No, Si, estudiante, docente, la comunidad. Cima, Sima. Muy bien, les pido humildemente al estudiantado de los cuatro vientos, que si van a estudiar en verdad, que le echen muchas ganas, que el tiempo corre muy rápido y no perdona, cuando menso pensemos ya estamos grande de edad, y nos arrepentíos, de haber perdido el tiempo, es por ello que todos y cada uno de nosotros debemos de ir a la escuela a la Universidad con el pensamiento de ser mejore cada amanecer, cada anochecer, y aprender- aprendiendo cada segundo, dada minuto, cada hora, cada día, cada semana, y así sucesivamente .

Muy bien, ya tenemos todas las herramientas didácticas para poder iniciar el proceso educativo analógico tanto el estudiante como el docente y así podemos iniciar hoy: primeramente, hay que aprender-aprendiendo a leer, a entender, a comprender, a discernir, a dialogar, a elaborar mapas mentales y cognitivos. A enlazar los conceptos, y así, poder ponerlo en práctica primeramente para mí, y después para los demás.

Cuadro mental

Cima, Sima. Muy bien, les pido humildemente al estudiantado de los cuatro vientos, que si van a estudiar en verdad, que le echen muchas ganas, que el tiempo corre muy rápido y no perdona, cuando menso pensemos ya estamos grande de edad, y nos arrepentíos, de haber perdido el tiempo, es por ello que todos y cada uno de nosotros debemos de ir a la escuela a la Universidad con el pensamiento de ser mejore cada amanecer, cada anochecer, y aprender- aprendiendo cada segundo, dada minuto, cada hora, cada día, cada semana, y así sucesivamente .

Muy bien, ya tenemos todas las herramientas didácticas para poder iniciar el proceso educativo analógico tanto el estudiante como el docente y así podemos iniciar hoy: primeramente, hay que aprender-aprendiendo a leer, a entender, a comprender, a discernir, a dialogar, a elaborar mapas mentales y cognitivos. A enlazar los conceptos, y así, poder ponerlo en práctica primeramente para mí, y después para los demás.

Pues bien, es tiempo de iniciar el proceso educativo didáctico para poder llegar a la Cima, tanto estudiantado como el docente.

Imagen.

Resumiendo. Enseñanza- aprendizaje aunado a la vinculación, y enlaces pedagógicos, didácticas y filosóficas entre el estudiantado y docente. Hemos recorrido cinco capítulos que nos han dado las herramientas necesarias para seguir adelante, es por ello que hoy en este sexto capitulo nos vamos a enfocar, a vincular, a enlazar con las herramientas que ya tenemos en nuestra mente- conciencia, cerebro humano y cerebro mamífero, para poder decidir con la palabra poderosa de decir un: No cuando es un no, y un Si, cuando es un sí, pues bien iniciemos con esta hermosa aventura. Amor, herramientas, constancia, persistencia, coraje, No, Si, estudiante, docente, la comunidad. Cima, Sima. Muy bien, les pido humildemente al estudiantado de los cuatro vientos, que si van a estudiar en verdad, que le echen muchas ganas, que el tiempo corre muy rápido y no perdona, cuando menso pensemos ya estamos grande de edad, y nos arrepentíos, de haber perdido el tiempo, es por ello que todos y cada uno de nosotros debemos de ir a la escuela a la Universidad con el pensamiento de ser mejore cada amanecer, cada anochecer, y aprender- aprendiendo cada segundo, dada minuto, cada hora, cada día, cada semana, y así sucesivamente .

Muy bien, ya tenemos todas las herramientas didácticas para poder iniciar el proceso educativo analógico tanto el estudiante como el docente y así podemos iniciar hoy: primeramente, hay que aprender- aprendiendo a leer, a entender, a comprender, a discernir, a dialogar, a elaborar mapas mentales y cognitivos. A enlazar los conceptos, y así, poder ponerlo en práctica primeramente para mí, y después para los demás.

Recapitulación. Enseñanza- aprendizaje aunado a la vinculación, y enlaces pedagógicos, didácticas y filosóficas entre el estudiantado y docente. Hemos recorrido cinco capítulos que nos han dado las herramientas necesarias para seguir adelante, es por ello que hoy en este sexto capitulo nos vamos a enfocar, a vincular, a enlazar con las herramientas que ya tenemos en nuestra mente- conciencia, cerebro humano y cerebro mamífero, para poder decidir con la palabra poderosa de decir un: No cuando es un no, y un Si, cuando es un sí, pues bien iniciemos con esta hermosa aventura. Amor, herramientas, constancia, persistencia, coraje, No, Si, estudiante, docente, la comunidad. Cima, Sima. Muy bien, les pido humildemente al estudiantado de los cuatro vientos, que si van a estudiar en verdad, que le echen muchas ganas, que el tiempo corre muy rápido y no perdona, cuando menso pensemos ya estamos grande de edad, y nos arrepentios, de haber perdido el tiempo, es por ello que todos y cada uno de nosotros debemos de ir a la escuela a la Universidad con el pensamiento de ser mejore cada amanecer, cada anochecer, y aprender- aprendiendo cada segundo, dada minuto, cada hora, cada día, cada semana, y así sucesivamente .

Muy bien, ya tenemos todas las herramientas didácticas para poder iniciar el proceso educativo analógico tanto el estudiante como el docente y así podemos iniciar hoy: primeramente, hay que aprender- aprendiendo a leer, a entender, a comprender, a discernir, a dialogar, a elaborar mapas mentales y cognitivos. A enlazar los conceptos, y así, poder ponerlo en práctica primeramente para mí, y después para los demás.

Imagen.

DEFINICIONES

PEDAGOGÍA

Es "el conjunto de saberes que se encarga de la educación como fenómeno específicamente humano y típicamente social". De Mattos

DIDÁCTICA

"Ciencia de la dirección del proceso de enseñanza-aprendizaje". De Mattos

Capitulo siete. Hoy es el día de iniciar el proceso con mucho amor, coraje y persistencia en la lectura vinculando la didáctica y la filosofía entre el estudiantado y docente.

Resumen. Hoy es el día de iniciar el proceso con mucho amor, coraje y persistencia en la lectura vinculando la didáctica y la filosofía entre el estudiantado y docente. Tenemos que decidir hoy, todo estudiante y docente para que iniciemos el proceso de la lectura y en ella, poder discernir, lo leído palabra tras palabra, y llegar a un entendimiento completo, para poder enlazar, des enlazar y re enlazar los conceptos y hacer poder elaborar mapas mentales y cognitivos y además, discernir, comprender y entender para una mejora en cada estudiante y docente y así poder servir a los demás , y además aplicarlo primeramente para mí, y después para la comunidad estudiantil, y socializarla a la misma comunidad.

Palabras clave. Perseverancia, amor, sabiduría, estudiantado, docente, comunidad, leer, discernir, comprender, enlazar, conocimiento profundo.

Introducción. Hoy es el día de iniciar el proceso con mucho amor, coraje y persistencia en la lectura vinculando la didáctica y la filosofía entre el estudiantado y docente. Tenemos que decidir hoy, todo estudiante y docente para que iniciemos el proceso de la lectura y en ella, poder discernir, lo leído palabra tras palabra, y llegar a un entendimiento completo, para poder enlazar, des enlazar y re enlazar los conceptos y hacer poder elaborar mapas mentales y cognitivos y además, discernir, comprender y entender para una mejora en cada estudiante y docente y así poder servir a los demás , y además aplicarlo primeramente para mí, y después para la comunidad estudiantil, y socializarla a la misma comunidad. Perseverancia, amor, sabiduría, estudiantado, docente, comunidad, leer, discernir, comprender, enlazar, conocimiento profundo.es muy importante tener en cuenta, el interés, de cada estudiante y docente, el coraje de superación día tras día, noche tras noche, la persistencia somática y cerebral, el animo y sobre todo el verdadero amor, de ser alguien en la vida, de dejar historia, porque hay que recordar que: nacemos, andamos, los días, pasan, algunos nos casamos, otros siguen adelante solteros y solteronas, y algunos tenemos hijos e hijas, un empleo de nuestro agrado, a raves del estudio, de nuestra superación y de ser alguien en la vida, esto, pasa muy pronto por ello, no podemos perder mas tiempo, hoy es el día de iniciar un proceso y dejar historia en el estudio, en la lectura, de entender, de memorizar, de analizar, de vincular la didáctica, la pedagogía, la filosofía, y así sucesivamente. Hay que recordar que el tiempo pasa como el viento, como el día, como la noche, en un suspiro, y cuando ya estaos adultos mayores, entonces recordamos que es verdad lo que el tiempo pasa como de rayo.

Metodología sistemática. Hoy es el día de iniciar el proceso con mucho amor, coraje y persistencia en la lectura vinculando la didáctica y la filosofía entre el estudiantado y docente. Tenemos que decidir hoy, todo estudiante y docente para que iniciemos el proceso de la lectura y en ella, poder discernir, lo leído palabra tras palabra, y llegar a un entendimiento completo, para poder enlazar, des enlazar y re enlazar los conceptos y hacer poder elaborar mapas mentales y cognitivos y además, discernir, comprender y entender para una mejora en cada estudiante y docente y así poder servir a los demás , y además aplicarlo primeramente para mi, y después para la comunidad estudiantil, y socializarla a la misma comunidad. Perseverancia, amor, sabiduría, estudiantado, docente, comunidad, leer, discernir, comprender, enlazar, conocimiento profundo.es muy importante tener en cuenta, el interés, de cada estudiante y docente, el coraje de superación día tras día, noche tras noche, la persistencia somática y cerebral, el ánimo y sobre todo el verdadero amor, de ser alguien en la vida, de dejar historia, porque hay que recordar que: nacemos, andamos, los días, pasan, algunos nos casamos, otros siguen adelante solteros y solteronas, y algunos tenemos hijos e hijas, un empleo de nuestro agrado, a raves del estudio, de nuestra superación y de ser alguien en la vida, esto, pasa muy pronto por ello, no podemos perder más tiempo, hoy es el día de iniciar un proceso y dejar historia en el estudio, en la lectura, de entender, de memorizar, de analizar, de vincular la didáctica, la pedagogía, la filosofía, y así sucesivamente. Hay que recordar que el tiempo pasa como el viento, como el día, como la noche, en un suspiro, y cuando ya estaos adultos mayores, entonces recordamos que es verdad lo que el tiempo pasa como de rayo.

Imagen.

Discusión. Hoy es el día de iniciar el proceso con mucho amor, coraje y persistencia en la lectura vinculando la didáctica y la filosofía entre el estudiantado y docente. Tenemos que decidir hoy, todo estudiante y docente para que iniciemos el proceso de la lectura y en ella, poder discernir, lo leído palabra tras palabra, y llegar a un entendimiento completo, para poder enlazar, des enlazar y re enlazar los conceptos y hacer poder elaborar mapas mentales y cognitivos y además, discernir, comprender y entender para una mejora en cada estudiante y docente y así poder servir a los demás , y además aplicarlo primeramente para mí, y después para la comunidad estudiantil, y socializarla a la misma comunidad. Perseverancia, amor, sabiduría, estudiantado, docente, comunidad, leer, discernir, comprender, enlazar, conocimiento profundo.es muy importante tener en cuenta, el interés, de cada estudiante y docente, el coraje de superación día tras día, noche tras noche, la persistencia somática y cerebral, el ánimo y sobre todo el verdadero amor, de ser alguien en la vida, de dejar historia, porque hay que recordar que: nacemos, andamos, los días, pasan, algunos nos casamos, otros siguen adelante solteros y solteronas, y algunos tenemos hijos e hijas, un empleo de nuestro agrado, a raves del estudio, de nuestra superación y de ser alguien en la vida, esto, pasa muy pronto por ello, no podemos perder más tiempo, hoy es el día de iniciar un proceso y dejar historia en el estudio, en la lectura, de entender, de memorizar, de analizar, de vincular la didáctica, la pedagogía, la filosofía, y así sucesivamente. Hay que recordar que el tiempo pasa como el viento, como el día, como la noche, en un suspiro, y cuando ya estaos adultos mayores, entonces recordamos que es verdad lo que el tiempo pasa como de rayo.

Imagen.

Resumiendo. Hoy es el día de iniciar el proceso con mucho amor, coraje y persistencia en la lectura vinculando la didáctica y la filosofía entre el estudiantado y docente. Tenemos que decidir hoy, todo estudiante y docente para que iniciemos el proceso de la lectura y en ella, poder discernir, lo leído palabra tras palabra, y llegar a un entendimiento completo, para poder enlazar, des enlazar y re enlazar los conceptos y hacer poder elaborar mapas mentales y cognitivos y además, discernir, comprender y entender para una mejora en cada estudiante y docente y así poder servir a los demás , y además aplicarlo primeramente para mi, y después para la comunidad estudiantil, y socializarla a la misma comunidad. Perseverancia, amor, sabiduría, estudiantado, docente, comunidad, leer, discernir, comprender, enlazar, conocimiento profundo.es muy importante tener en cuenta, el interés, de cada estudiante y docente, el coraje de superación día tras día, noche tras noche, la persistencia somática y cerebral, el ánimo y sobre todo el verdadero amor, de ser alguien en la vida, de dejar historia, porque hay que recordar que: nacemos, andamos, los días, pasan, algunos nos casamos, otros siguen adelante solteros y solteronas, y algunos tenemos hijos e hijas, un empleo de nuestro agrado, a raves del estudio, de nuestra superación y de ser alguien en la vida, esto, pasa muy pronto por ello, no podemos perder más tiempo, hoy es el día de iniciar un proceso y dejar historia en el estudio, en la lectura, de entender, de memorizar, de analizar, de vincular la didáctica, la pedagogía, la filosofía, y así sucesivamente. Hay que recordar que el tiempo pasa como el viento, como el día, como la noche, en un suspiro, y cuando ya estaos adultos mayores, entonces recordamos que es verdad lo que el tiempo pasa como de rayo.

Cuadro mental.

Hoy es el día de iniciar el proceso con mucho amor, coraje y persistencia en la lectura vinculando la didáctica y la filosofía entre el estudiantado y docente. Tenemos que decidir hoy, todo estudiante y docente para que iniciemos el proceso de la lectura y en ella, poder discernir, lo leído palabra tras palabra, y llegar a un entendimiento completo, para poder enlazar, des enlazar y re enlazar los conceptos y hacer poder elaborar mapas mentales y cognitivos y además, discernir, comprender y entender para una mejora en cada estudiante y docente y así poder servir a los demás , y además aplicarlo primeramente para mí, y después para la comunidad estudiantil, y socializarla a la misma comunidad. Perseverancia, amor, sabiduría, estudiantado, docente, comunidad, leer, discernir, comprender, enlazar, conocimiento profundo.es muy importante tener en cuenta, el interés, de cada estudiante y docente, el coraje de superación día tras día. Muy bien, creo que vamos por un buen camino, rumbo ala excelencia y a la, Cima, respecto a la educación pedagógica, filosofía y didáctica entre el estudiantado y el docente.

Animo, se, que todos y cada uno de nosotros podemos, claro que sí.

Recapitulación. Hoy es el día de iniciar el proceso con mucho amor, coraje y persistencia en la lectura vinculando la didáctica y la filosofía entre el estudiantado y docente. Tenemos que decidir hoy, todo estudiante y docente para que iniciemos el proceso de la lectura y en ella, poder discernir, lo leído palabra tras palabra, y llegar a un entendimiento completo, para poder enlazar, des enlazar y re enlazar los conceptos y hacer poder elaborar mapas mentales y cognitivos y además, discernir, comprender y entender para una mejora en cada estudiante y docente y así poder servir a los demás , y además aplicarlo primeramente para mí, y después para la comunidad estudiantil, y socializarla a la misma comunidad. Perseverancia, amor, sabiduría, estudiantado, docente, comunidad, leer, discernir, comprender, enlazar, conocimiento profundo.es muy importante tener en cuenta, el interés, de cada estudiante y docente, el coraje de superación día tras día, noche tras noche, la persistencia somática y cerebral, el ánimo y sobre todo el verdadero amor, de ser alguien en la vida, de dejar historia, porque hay que recordar que: nacemos, andamos, los días, pasan, algunos nos casamos, otros siguen adelante solteros y solteronas, y algunos tenemos hijos e hijas, un empleo de nuestro agrado, a raves del estudio, de nuestra superación y de ser alguien en la vida, esto, pasa muy pronto por ello, no podemos perder más tiempo, hoy es el día de iniciar un proceso y dejar historia en el estudio, en la lectura, de entender, de memorizar, de analizar, de vincular la didáctica, la pedagogía, la filosofía, y así sucesivamente. Hay que recordar que el tiempo pasa como el viento, como el día, como la noche, en un suspiro, y cuando ya estaos adultos mayores, entonces recordamos que es verdad lo que el tiempo pasa como de rayo.

Imagen.

Cuadros comparativos de las principales corrientes pedagógicas

Capitulo ocho.

Resumiendo, los capítulos anteriores.

Resumen. Hoy es el día de iniciar el proceso con mucho amor, coraje y persistencia en la lectura vinculando la didáctica y la filosofía entre el estudiantado y docente. Tenemos que decidir hoy, todo estudiante y docente para que iniciemos el proceso de la lectura y en ella, poder discernir, lo leído palabra tras palabra, y llegar a un entendimiento completo, para poder enlazar, des enlazar y re enlazar los conceptos y hacer poder elaborar mapas mentales y cognitivos y además, discernir, comprender y entender para una mejora en cada estudiante y docente y así poder servir a los demás , y además aplicarlo primeramente para mí, y después para la comunidad estudiantil, y socializarla a la misma comunidad.

Palabras clave. Perseverancia, amor, sabiduría, estudiantado, docente, comunidad, leer, discernir, comprender, enlazar, conocimiento profundo.

Introducción.

Hoy es el día de iniciar el proceso con mucho amor, coraje y persistencia en la lectura vinculando la didáctica y la filosofía entre el estudiantado y docente. Tenemos que decidir hoy, todo estudiante y docente para que iniciemos el proceso de la lectura y en ella, poder discernir, lo leído palabra tras palabra, y llegar a un entendimiento completo, para poder enlazar, des enlazar y re enlazar los conceptos y hacer poder elaborar mapas mentales y cognitivos y además, discernir, comprender y entender para una mejora en cada estudiante y docente y así poder servir a los demás , y además aplicarlo primeramente para mí, y después para la comunidad estudiantil, y socializarla a la misma comunidad. Perseverancia, amor, sabiduría, estudiantado, docente, comunidad, leer, discernir, comprender, enlazar, conocimiento profundo. Con estas palabras clave, podemos reiniciar el proceso de la enseñanza- aprendizaje a través de la pedagogía, de la didáctica de la filosofía, y así vinculados estudiantes y docentes en el aula de clases, para llevar el reinicio de la lectura tal como debe de ser, con comprensión, entendimiento analizando palabra tras palabra, para poder llevar a cabo la realización de mapas mentales cognitivos, y ponerlo por obra para uno mismo, y después para la comunidad estudiantil y en general para un bue servicio ala m sim a comunidad y así, legar ala Cima, con mucha humildad, prudencia, y sabiduría e inteligencia, poder, consejería , conocimiento y ser humilde ante Dios y la comunidad.

Metodología sistemática. Hoy es el día de iniciar el proceso con mucho amor, coraje y persistencia en la lectura vinculando la didáctica y la filosofía entre el estudiantado y docente. Tenemos que decidir hoy, todo estudiante y docente para que iniciemos el proceso de la lectura y en ella, poder discernir, lo leído palabra tras palabra, y llegar a un entendimiento completo, para poder enlazar, des enlazar y re enlazar los conceptos y hacer poder elaborar mapas mentales y cognitivos y además, discernir, comprender y entender para una mejora en cada estudiante y docente y así poder servir a los demás , y además aplicarlo primeramente para mí, y después para la comunidad estudiantil, y socializarla a la misma comunidad. Perseverancia, amor, sabiduría, estudiantado, docente, comunidad, leer, discernir, comprender, enlazar, conocimiento profundo. Con estas palabras clave, podemos reiniciar el proceso de la enseñanza- aprendizaje a través de la pedagogía, de la didáctica de la filosofía, y así vinculados estudiantes y docentes en el aula de clases, para llevar el reinicio de la lectura tal como debe de ser, con comprensión, entendimiento analizando palabra tras palabra, para poder llevar a cabo la realización de mapas mentales cognitivos, y ponerlo por obra para uno mismo, y después para la comunidad estudiantil y en general para un bue servicio ala m sim a comunidad y así, legar ala Cima, con mucha humildad, prudencia, y sabiduría e inteligencia, poder, consejería , conocimiento y ser humilde ante Dios y la comunidad. Pues bien, mano a la obra intelectual, hoy es el día, donde vamos a iniciar una historia intelectual, para poder reiniciar la lectura con mucho amor, con ánimo, con gusto, con sabiduría y así, no estar bajo la Sima de la ignorancia de la obscuridad de la mediocridad, todo o contario estar en la Cima.

Imagen.

Discusión. Es muy importante que entendemos que para iniciar un proceso pedagógico debemos de leer, con entendimiento, con cordura, con entusiasmo, con interés, con mucho amor, , aunado a ello la pedagogía "el arte de ensenar " al estudiante y llegar a un fin de comprender, discernir lo elido para que en nuestra mente elaboremos mapas mentales y cognitivos, y aunado a ello la didáctica " el arte de leer, de ensenar", nos ayuda de gran manera, y no olvidar la filosofía, para que nos haga pensar, discernir y comprender, y así poder llegar a un fin, y llegar a la Cima, y sobre todo para cada estudiante y cada docente podamos comprender nuestro diario vivir, y así poder ayudar y ser útiles ante la sociedad. Hoy es el día de iniciar el proceso con mucho amor, coraje y persistencia en la lectura vinculando la didáctica y la filosofía entre el estudiantado y docente. Tenemos que decidir hoy, todo estudiante y docente para que iniciemos el proceso de la lectura y en ella, poder discernir, lo leído palabra tras palabra, y llegar a un entendimiento completo, para poder enlazar, des enlazar y re enlazar los conceptos y hacer poder elaborar mapas mentales y cognitivos y además, discernir, comprender y entender para una mejora en cada estudiante y docente y así poder servir a los demás , y además aplicarlo primeramente para mí, y después para la comunidad estudiantil, y socializarla a la misma comunidad. Perseverancia, amor, sabiduría, estudiantado, docente, comunidad, leer, discernir, comprender, enlazar, conocimiento profundo.es muy importante tener en cuenta, el interés, de cada estudiante y docente, el coraje de superación día tras día, noche tras noche, la persistencia somática y cerebral, el ánimo y sobre todo el verdadero amor, de ser alguien en la vida.

Resumiendo.

Debemos dejar historia, porque hay que recordar que: nacemos, andamos, los días, pasan, algunos nos casamos, otros siguen adelante solteros y solteronas, y algunos tenemos hijos e hijas, un empleo de nuestro agrado, a raves del estudio, de nuestra superación y de ser alguien en la vida, esto, pasa muy pronto por ello, no podemos perder más tiempo, hoy es el día de iniciar un proceso y dejar historia en el estudio, en la lectura, de entender, de memorizar, de analizar, de vincular la didáctica, la pedagogía, la filosofía, y así sucesivamente. Hay que recordar que el tiempo pasa como el viento, como el día, como la noche, en un suspiro, y cuando ya estaos adultos mayores, entonces recordamos que es verdad lo que el tiempo pasa como de rayo. Enseñanza- aprendizaje aunado a la vinculación, y enlaces pedagógicos, didácticas y filosóficas entre el estudiantado y docente. Hemos recorrido cinco capítulos que nos han dado las herramientas necesarias para seguir adelante, es por ello que hoy en este sexto capitulo nos vamos a enfocar, a vincular, a enlazar con las herramientas que ya tenemos en nuestra mente- conciencia, cerebro humano y cerebro mamífero, para poder decidir con la palabra poderosa de decir un: No cuando es un no, y un Si, cuando es un sí, pues bien iniciemos con esta hermosa aventura. Amor, herramientas, constancia, persistencia, coraje, No, Si, estudiante, docente, la comunidad. Cima, Sima. Muy bien, les pido humildemente al estudiantado de los cuatro vientos, que, si van a estudiar en verdad, que le echen muchas ganas, que el tiempo corre muy rápido y no perdona.

Recapitulación.

cuando menso pensemos ya estamos grande de edad, y nos arrepentíos, de haber perdido el tiempo, es por ello que todos y cada uno de nosotros debemos de ir a la escuela a la Universidad con el pensamiento de ser mejore cada amanecer, cada anochecer, y aprender- aprendiendo cada segundo, dada minuto, cada hora, cada día, cada semana, y así sucesivamente.

Muy bien, ya tenemos todas las herramientas didácticas para poder iniciar el proceso educativo analógico tanto el estudiante como el docente y así podemos iniciar hoy: primeramente, hay que aprender-aprendiendo a leer, a entender, a comprender, a discernir, a dialogar, a elaborar mapas mentales y cognitivos. A enlazar los conceptos, y así, poder ponerlo en práctica primeramente para mí, y después para los demás. Y así poder elaborar analogías metafóricas y didácticas en mapas mentales y cognitivos, y poder aplicarla para uno mismo y para la comunidad misma. Analogías Pedagógicas: Filosóficas. Pisco didácticas en el estudiantado y docente en las Instituciones educativas de diferentes niveles. (preescolar, escolar, secundaria, preparatoria, universitarios, maestrías y doctorados y postdoctorados. (Isaías. 51.16). dice así: Y en tu boca he puesto mis palabras, y con la sombra de mi mano te cubrí, extendiendo los cielos y echando los cimientos de la tierra, y diciendo a Sion (armando): Pueblo mío eres tú. Boca, puesto, palabras, sombra, cubrí cielos, echando, cimientos, tierra, Sion, armando, Pueblo mío, eres tú. **51:16 en tu boca...mis palabras**: Israel había sido el depositario infiel de la revelación divina.

(cp. Romanos. 9:1-5); pero el tiempo viene en el que Dios pondrá palabras en a la boca de su remanente fiel en el futuro (51:6; 65: 17; 66:22). Así es cuando elaboramos, analogías metáforas educativas, donde el estudiante si él quiere ser fiel a sus principios en la enseñanza, aprendizaje, quiere retomar la pedagogía, para poder leer tal como debe de ser aunado a ello la didáctica, la filosofía, la psico didáctica y así poder retomar lo que estaba perdido y muy lejos de nosotros, por tanto, uso exagerado del celular. Internet día tras día, noche tras noche hasta el día de hoy. Estábamos en la Sima, pero hoy día ya estamos en la Cima. Todas estas herramientas que ya tenemos, pues bien, cada estudiante y maestro (a) podremos vincular los frutos, los atributos del nuestro cerebro humano.

Imagen.

Cuadro mental.

Hoy es el día de iniciar el proceso con mucho amor, coraje y persistencia en la lectura vinculando la didáctica y la filosofía entre el estudiantado y docente. Tenemos que decidir hoy, todo estudiante y docente para que iniciemos el proceso de la lectura y en ella, poder discernir, lo leído palabra tras palabra, y llegar a un entendimiento completo, para poder enlazar, des enlazar y re enlazar los conceptos y hacer poder elaborar mapas mentales y cognitivos y además, discernir, comprender y entender para una mejora en cada estudiante y docente y así poder servir a los demás , y además aplicarlo primeramente para mí, y después para la comunidad estudiantil, y socializarla a la misma comunidad. Perseverancia, amor, sabiduría, estudiantado, docente, comunidad, leer, discernir, comprender, enlazar, conocimiento profundo. Con estas palabras clave, podemos reiniciar el proceso de la enseñanza- aprendizaje a través de la pedagogía, de la didáctica de la filosofía, y así vinculados estudiantes y docentes en el aula de clases, para llevar el reinicio de la lectura tal como debe de ser, con comprensión, entendimiento analizando palabra tras palabra, para poder llevar a cabo la realización de mapas mentales cognitivos, y ponerlo por obra para uno mismo, y después para la comunidad estudiantil y en general para un bue servicio ala m sim a comunidad y así, legar ala Cima, con mucha humildad, prudencia, y sabiduría e inteligencia, poder, consejería , conocimiento.

Imagen.

Bibliografía.

(Las Sagradas Escrituras- Biblia).

1.- Barraza Cuéllar Armando. (2011). Siete Pasos para llegar a una Enseñanza-Aprendizaje. (Metas para el 2021 en la educación educativa a nivel superior de alta calidad, en el inicio de un pensamiento integral). U.S.A. Editorial Palibrio.

2.- Barraza Cuéllar Armando. (2012) ¡Como que eres maestro! España. Editorial Académica Española.

3.- Barraza Cuéllar Armando. (2012). Vamos pues a integrar: cuerpo, mente y consciencia. España. Editorial Académica Española. ISBN.

4.- Barraza Cuellar Armando. (2012) ¿Cómo le puedo hacer? Yo, para reactivar a mí: Cuerpo, a mi mente y a la inteligencia e integrarlos para sus diferentes funciones. España. Editorial Académica Española. ISBN.

5.- Barraza Cuéllar Armando. (2012). Siete pasos para llegar a la consciencia. España. Editorial Académica Española. ISBN.

6.-Barraza Cuéllar Armando. (2012). Los siete procesos de una integridad que es la enseñanza-aprendizaje. España. Editorial Académica Española. ISBN

7.- Barraza Cuéllar Armando. (2019). Enséñame tu, lo que yo no veo. España. Editorial Académica Española. ISBN.

8.- Barraza Cuéllar Armando (2022). Tú decides, que rumbo tomas. 978- 620-2- 10386-2. Editorial Académica Española. ISBN.

9.- Barraza Cuellar Armando. (2022) Debilidades y Fortalezas para integrar, desintegrar y reintegrar. Editorial Académica española. 978-620-2- 10798-3. ISBN.

10.- Barraza Cuellar Armando. (2023). Hoy voy a Aprender a Leer. Editorial Académica Española. 978- 620- 2- 11180-5. ISBN.

11.-Barraza Cuellar Armando. (2023). Hoy día es muy difícil encontrar un Amor Sincero.

Editorial Académica Española. 978-620-2- 11421-9 ISBN.

12. Barraza Cuellar Armando, (2023) ¿Por qué nosotros los seres humanos, nos inclinamos a hacer el mal? ¡Y porque no, hacemos el bien! ISBN. 978- 620-2- 11905-4.

13.Barraza Cuellar Armando. (2023). El que guarda la inteligencia, hace el bien.

ISBN. 978-620- 010-8944.

14. Barraza Cuellar Armando (2023). Por qué hoy día al estudiante le gusta memorizar en vez de comprender. ISBN. 978- 620- 010- 8258.

15. Barraza Cuellar Armando. (2023). Amonestación contra la pereza y la falsedad.

ISBN. 978- 620- 010- 7831.

16. Barraza Cuellar Armando (2023). Nacemos, crecemos, nos reproducimos y nos morimos. ISBN. 978- 613- 942- 7055.

17. Barraza Cuellar Armando (2023). Hoy día es muy difícil encontrar un Amor sincero. ISBN. 978- 620- 211- 4219.

18. Barraza Cuellar Armando. (2023). ¿Por qué nosotros los seres humanos, nos inclinamos a hacer el mal? ISBN. 978- 613- 942- 7079.

19. Barraza Cuellar Armando. (2023). Para ser maestro hay que amar la docencia. ISBN. 978- 620-010-9453.

Printed by Books on Demand GmbH, Norderstedt / Germany